BEI GRIN MACHT SICH IHR WISSEN BEZAHLT

- Wir veröffentlichen Ihre Hausarbeit, Bachelor- und Masterarbeit

- Ihr eigenes eBook und Buch - weltweit in allen wichtigen Shops

- Verdienen Sie an jedem Verkauf

Jetzt bei www.GRIN.com hochladen und kostenlos publizieren

Karl-Heinz Kahnt

Vom Irrtum der Ökonomen

Aufgezeigt an verschiedenen Punkten der steuerrechtlichen Debatte des Buches "Zahlungsbefehl" von Beck und Prinz

GRIN Verlag

Bibliografische Information der Deutschen Nationalbibliothek:

Die Deutsche Bibliothek verzeichnet diese Publikation in der Deutschen Nationalbibliografie; detaillierte bibliografische Daten sind im Internet über http://dnb.d-nb.de/ abrufbar.

Dieses Werk sowie alle darin enthaltenen einzelnen Beiträge und Abbildungen sind urheberrechtlich geschützt. Jede Verwertung, die nicht ausdrücklich vom Urheberrechtsschutz zugelassen ist, bedarf der vorherigen Zustimmung des Verlages. Das gilt insbesondere für Vervielfältigungen, Bearbeitungen, Übersetzungen, Mikroverfilmungen, Auswertungen durch Datenbanken und für die Einspeicherung und Verarbeitung in elektronische Systeme. Alle Rechte, auch die des auszugsweisen Nachdrucks, der fotomechanischen Wiedergabe (einschließlich Mikrokopie) sowie der Auswertung durch Datenbanken oder ähnliche Einrichtungen, vorbehalten.

Impressum:

Copyright © 2011 GRIN Verlag, Open Publishing GmbH
Druck und Bindung: Books on Demand GmbH, Norderstedt Germany
ISBN: 978-3-656-22063-3

Dieses Buch bei GRIN:

http://www.grin.com/de/e-book/195563/vom-irrtum-der-oekonomen

GRIN - Your knowledge has value

Der GRIN Verlag publiziert seit 1998 wissenschaftliche Arbeiten von Studenten, Hochschullehrern und anderen Akademikern als eBook und gedrucktes Buch. Die Verlagswebsite www.grin.com ist die ideale Plattform zur Veröffentlichung von Hausarbeiten, Abschlussarbeiten, wissenschaftlichen Aufsätzen, Dissertationen und Fachbüchern.

Besuchen Sie uns im Internet:

http://www.grin.com/

http://www.facebook.com/grincom

http://www.twitter.com/grin_com

Zahlungsbefehl – Hanno Beck und Aloys Prinz
vom 15.März bis 21. August 2011

Sehr geehrter Herr Hanno Beck,
sehr geehrter Herr Aloys Prinz,

mit diesen Zeilen möchte ich Ihnen für Ihr Buch „Zahlungsbefehl" danken. Es ist einer jener seltenen Glücksfälle, in dem sich ziemlich umfangreiche Information mit guter Lesbarkeit verbindet, so dass das Lesen recht unterhaltsam ist. Ich habe Ihr Buch jedenfalls mit einigem Vergnügen und sogar mit geistigem Gewinn gelesen. Dennoch möchte ich ein paar kritische Gedanken anmerken. Ich hoffe, Sie finden die Zeit, sich ihrer anzunehmen.

Das erste allerdings ist eine ziemlich schwerwiegende Feststellung, denn ein gravierender Fehler hat sich gleich *mehrfach* eingeschlichen. So nennen Sie an verschiedenen Stellen des Buches im Vergleich, wer die Kosten einer Steuererhöhung beziehungsweise zusätzlicher steuerlicher Belastung zu tragen habe, das eine Mal den Verbraucher und das andere Mal den Produzenten. Dabei wissen Sie doch als erfahrene Ökonomen, dass es *grundsätzlich stets nur der (End)Verbraucher* sein kann und ist, der diese Last schultert. Eine andere Möglichkeit *gibt es gar nicht*, denn es liegt in der *Natur der Sache selbst*. Es würde mich wundern, wenn ein simpler Maurer wie ich Ihnen diese Erkenntnis voraushätte. Wieso Ihnen dieser abenteuerliche Fehler also überhaupt passieren konnte, ist mir daher rätselhaft, da er so offenkundig ist.

Lassen Sie mich das nur kurz an drei verschiedenen Zahlenbeispielen aufzeigen, die sich selbstverständlich beliebig vermehren ließen. Stellen wir uns vor, die Kosten eines Produkts zum Preis von 100 Euro verteilten sich in etwa wie folgt:

• Lohnkosten	• Materialkosten	• Zinsbelastung	• kalkulierter Gewinn[1]	• Steuern
20%	20%	20%	20%	20%
30%	15%	10%	35%	10%
25%	10%	30%	5%	30%

Wie Sie sehen, habe ich jeden einzelnen Posten in den Beispielen verändert, während in der Folge für den Verbraucher aber alles beim Alten bleibt: Sein zu zahlender Preis beträgt stets 100 Prozent. Für ihn ist es gleichgültig, ob der dabei wesentlich vom Gewinnanspruch des Unternehmens oder den Steuern des Staates bestimmt ist. Die Unterscheidung ist ihm letztlich nur Haarspalterei, die den Anspruch des einen mit höherem Recht über den des anderen stellt. Darüber ließe sich sicher endlos streiten: Wie viel Gewinn könnte das Unternehmen ohne die Rechtssicherheit des Staates machen, und wie viel Steuern der Staat wohl ohne die Leistung des Unternehmens erheben? Ein Streit um des Kaisers Bart...

Tatsache ist überdies auch: Wenn das Unternehmen das Produkt oder die Dienstleistung für 100 Euro veräußern kann und der Staat nur geringe (oder sogar gar keine!) Steuern darauf erhöbe, würde es das Produkt nicht etwa preisgünstiger verkaufen – sondern einfach den dadurch realisierbaren höheren Gewinn einstreichen. Sofern eben möglich. So jedenfalls die gängige Praxis.

Im Grunde gehen Sie von der irrigen Annahme aus, es gäbe einen wie auch immer gearteten, irgendwo festgeschriebenen Gewinnanspruch (in vorgegebener Höhe, an der nicht zu rütteln ist), und an dem nun messen Sie, wer die Steuer zahlt. Doch die zahlt eben grundsätzlich und immer – *allein nur der Konsument*.

Wenn das Unternehmen im Fall von Steuererhöhung dementsprechend tatsächlich seinen Gewinnanspruch reduzieren muss, dann legt es *nicht* etwa

---

[1] Wobei der kalkulierte Gewinn ja keineswegs Kostenpunkt ist, sondern allenfalls eine Zukunftshoffnung. Sehen Sie mir diese kleine Ungenauigkeit also bitte nach...

obendrauf – so wie der Kunde, für den das Leben *damit wahrhaftig teurer wird* -, sondern muss sich lediglich in seinem (in dem Fall) eben zu hohen Anspruch bescheiden. Im Idealfall[2] führte das ohnehin nur dazu, wofür nach der hehren Theorie eigentlich der Wettbewerb selber sorgen sollte: Am idealen Markt vollkommener Konkurrenz tendiert der Gewinn *grundsätzlich* gegen NULL[3]. Das wird allerdings nur allzu gern vergessen, da es weder den idealen Markt gibt noch je die vollkommene Konkurrenz, denn schließlich wird bekanntlich nichts so heiß gegessen, wie es gekocht wird. Soll heißen: Wie sehr viele der ökonomischen Theorien ist es dennoch nicht mehr - als nur eine hübsche Theorie. Somit: Erst wenn der Gewinn *unter null* fiele – zahlte der Eigentümer auch tatsächlich die Steuer. Sofern dann allerdings überhaupt welche anfiele, denn schließlich wird sie nur auf den Ertrag/Gewinn erhoben.

Wer im Übrigen eine kaufmännische Ausbildung hat oder auch nur ein wenig mit Kalkulation beziehungsweise der so genannten Preisfindung vertraut ist, weiß um den Hundert-Prozent-Aufschlag auf die regulären Kosten[4]. Schon deshalb ist auch dem informierten und klugen Verbraucher klar, dass selbst ein Preisabschlag von 30 Prozent im „Sonderangebot" - und das klingt doch sehr verlockend, nicht wahr? -, dem Unternehmen immer noch ordentlichen Gewinn bescheren kann. Nicht ohne Grund sagte der erfolgreiche Unternehmer Professor Dr. Heinz-Horst Deichmann daher: „Ich feilsche immer so lange, bis ich einen vernünftigen Preis bekomme. Ich zahle, was die Dinge *wert* sind, *nicht was sie kosten*"...

Im Nächsten möchte ich mich den beiden Dauerbrennern der Steuerdiskussionen zuwenden. Die Rede ist von Pendlerpauschale und Ehegattensplitting. Behalten wir bei all dem im Auge: Steuerrecht ist *immer und ausnahmslos* Willkürrecht. Das sollten wir wirklich nie vergessen, denn es ist Erklärung für viele, ja eigentlich für nahezu alle Ungereimtheiten in der Sache. So auch bei diesen Themen. Denn nur wenige Steuerdispute waren und sind derart von Ideologie bestimmt, von parteipolitischer Ränke zerfressen und auf den nimmersatten Anspruch des Staates auf das Geld des Bürgers ausgerichtet wie diese beiden. Was letztlich im Fall der Pendlerpauschale sogar bis zum Rechtsbruch führte. Beginnen wir also mit dieser:

Offen gestanden finde ich es verwunderlich, dass in so klarer Sache so viel Verwirrung herrscht. Vor allem unter Experten (von den Deppen können wir getrost schweigen). Keine Dummheit, die da noch nicht professorale Weihen erhielt. Dabei kann man es drehen und wenden, wie man will, die Angelegenheit ist eindeutig und sonnenklar wie nur selten was:

Der Erwerbstätige befindet sich *nur aus einem einzigen Grund* auf dieser Fahrt: Kein Vergnügen und keine persönliche Laune treiben ihn dazu, *sein Motiv ist allein der Broterwerb*; mit allen seinen Konsequenzen. Also allein das, was ihm die Natur als Notwendigkeit und die Gesellschaft gar - als *seine Pflicht* auferlegt. Damit sind die Kosten der Fahrt nicht mehr und nicht weniger als die

---

[2] Im schlimmsten Fall allerdings in den Konkurs, da die Herstellungskosten über dem Verkaufspreis lägen...
[3] *Ökonomische Grundgesetze* besagen, dass Wettbewerb zu einem NULL-Gewinn führen sollte...
[4] Naomi Klein spricht sogar davon, dass bei „Konzernen, die sich traditionell mit einem Preisaufschlag von 100% begnügten... der Preisaufschlag (heute) fast 400% betragen kann." (No Logo! S.207) und der Unternehmer Timothy Ferris selbst spricht von „nicht nur einem acht- bis zehn*fachen*, sondern oft auch einem 20- bis 50-*fachen* Preisaufschlag" - und das aus erster Hand... (4-Stunden-Woche, Seite 192)
http://www.karriere.de/beruf/mehr-zeit-mehr-geld-mehr-leben-6906/

zwangsläufigen *Betriebsausgaben* des Bürgers – als *Unternehmer seiner selbst*. Wer wollte das ernstlich bestreiten? Und deshalb tut's im Grunde ja auch keiner wirklich, selbst wenn die verrücktesten geistigen Verrenkungen hierin unternommen werden. Denn um dem Bürger seinen berechtigten Anspruch zu verweigern, wird nach Gründen gesucht, die das vermeintlich rechtfertigen[5]. Die beliebtesten ideologischen Knüppel waren und sind in diesem Fall die Denunziation der Pendlerpauschale als so genannte *Zersiedlungsprämie* und der Vorwurf, sie sei eine *Subvention* privater Lustbarkeit.

Doch selbst wenn dieses Märchen immer wieder gern kolportiert wird, weil es gewisse Argumente scheinbar trefflich stützt, so bleibt es dennoch nur Ammenmärchen. Denn so wenig die Alten auf Kosten der Jungen leben – wie wäre das überhaupt möglich, wo sich doch *kein einziges Brot* aus der Zukunft schon heut und hier verzehren lässt –, so wenig subventioniert der Staat den Bürger – dem er *zuvor* nämlich sein ganzes Geld abknöpft. Mit welcher Chuzpe die Tatsachen also auf den Kopf gestellt werden und dennoch kaum jemand Anstoß daran nimmt, ist schon erstaunlich, aber letztlich doch schnell geklärt, wenn man sieht, wie viele „Experten" von ihrem intellektuell unredlichen Handeln recht angenehm profitieren, indem ihnen ihre üblichen Gefälligkeiten und willigen Handlangerdienste für den Staat einen komfortablen Platz an seiner für sie reich gedeckten Tafel garantieren. Wie schon seit alters her. Judas hat Jesus bekanntlich für 30 Silberlinge verkauft, unsere „Experten" verhökern die Rechte des Bürgers ohne jede Skrupel für eine auskömmlich dauerhafte Versorgung...

Sollten wir uns überdies tatsächlich verwundern oder es doch nur als die einfachste und bequemste Form von Korruption betrachten, dass die lautesten Forderungen zur Abschaffung der Pendlerpauschale stets und vornehmlich von denen kommen, die grundsätzlich *keinen* Fahrtkostenaufwand haben, weil sie
a) zu „Hause" oder gleich um die Ecke arbeiten
b) im Firmen- oder Dienstwagen (oft samt Chauffeur) kutschieren
c) ihre Fahrtkosten vom Arbeitgeber - und da nur allzu oft einem öffentlichen - ersetzt bekommen oder gar im wohl krassesten Fall
d) *freie* Fahrt auf *sämtlichen öffentlichen* Verkehrsmitteln genießen und daneben dennoch eine Fahrtkostenpauschale ansetzen dürfen - sich die *freie* Fahrt also auch noch *zusätzlich bezahlen* lassen? Merkwürdig ist es jedenfalls schon...

Nun, vielleicht ist der Blick des Arbeiters (nicht nur) in dieser Sache geschärft, weil er in der Wirklichkeit lebt – er seine Welt also nicht am Schreibtisch eines allzu bequemen Studierstübchens konstruiert? Aber schauen wir uns die Wirklichkeit doch einfach mal näher an:

Ich glaube nicht, dass uns auch nur eine einzige beweiskräftige empirische Studie belegt, dass Menschen, nachdem sie einen annehmbaren Arbeitsplatz

---

[5] Wenn sich selbst der durchaus ehrenwerte ehemalige Verfassungsrichter und anerkannte Steuerexperte Professor Paul Kirchhof in dem Punkt in der Logik vergreift und dieses Recht zu einer Frage der „Beobachtungsperspektive" macht - denn, so seine putzige Ausführung: „Fährt der Erwerbende nicht von zu Hause zum Erwerb und zurück, sondern vom Erwerbsort nach Hause und zurück folgt er *privatem* Anlaß" -, offenbart uns dies eigentlich nur, in welch starkem Maße Propaganda und Ideologie längst schon das Terrain erobert haben und die Hirne vernebeln. Denn die professorale Naivität stellt die Wirklichkeit vollkommen auf den Kopf. Diese Perspektive träfe nämlich nur zu, wenn wir unterstellten, dass die Arbeitsstelle a) *Lebensmittelpunkt* des Menschen ist und b) der Arbeitnehmer quasi *Eigentum der Firma*. Doch beides ist nicht der Fall – oder leben wir tatsächlich in der falschen Zeit? Vergessen wir dabei nicht, wer hier wieder zu welchem Zweck auf die Sklaverei zusteuert: Einer der bekanntesten **Lehrer** unseres Steuerrechts.

gefunden haben, ihre dem nahe liegende Wohnung aufgeben - um sich einen erheblich weiter entfernten Wohnort zu suchen. Dagegen allerdings dürften zahlreiche Belege dafür sprechen, dass Menschen ihren Wohnort wechseln – um *näher am Arbeitsplatz* zu sein; sofern der ihnen „dauerhaft" gesichert scheint. Die Menschen ziehen also *nicht* vom Arbeitsplatz weg ins lauschige Grüne – wie der Mythos der Zersiedelungsprämie uns lehren will -, sondern *sie reisen der Arbeit hinterher* – und nehmen sie halt dort, wo sie sie noch bekommen. Zwangsläufig entfernen sie sich damit aber immer weiter von ihrer heimatlichen Wohnung, ihrem eigentlichen Lebensmittelpunkt.

Nun: Alle zwei, drei Wochen fahren meine Kollegen und Landsleute aus dem „Osten" der Republik rund 800 bis 1200 Kilometer, um hier in der Fremde arbeiten zu dürfen. Sind sie dann allerdings hier, müssen sie selbst dann *täglich* ebenfalls mindestens eine halbe bis zu einer Stunde Fahrtzeit auf sich nehmen, um auf die Baustellen zu gelangen. Schließlich kann nicht auf jeder Baustelle ein Wohncontainer aufgestellt werden, und so brauchen sie auch vorort noch eine bewohnbare Bleibe. *Beide* Formen des Pendelns – die erste wie die zweite – sind dabei *allein beruflich* bedingt und – und das können Sie gern glauben oder nicht – kein Vergnügen. Wie man sie also überhaupt verschieden werten kann, bleibt wohl das kleine schmutzige Geheimnis der Bürokraten (und Politiker), die an unseren Gesetzen basteln – damit diese den Begehrlichkeiten des Staates nützlich sind. Mit verschiedener Wirklichkeit aber hat das ganz gewiss nix zu tun.

Wer überdies schon einmal in der unglücklichen Lage war, sich Angebote vom Arbeitsamt einholen zu müssen, dem ist bekannt, dass ein Arbeitsweg von einer Stunde (*und länger!*) – die *einfache* Fahrt! – als *zumutbar* gilt. Und diese Zumutung wird *konsequent per Zwang durchgesetzt*: Wenn der Delinquent sich ihr verweigert, wird die Unterstützung gekürzt oder die Leistung gar vollständig gestrichen (Auch meine Kollegen sind Opfer solchen Zwangs...). Dass der Rest der Bürger solche Zumutungen längst als Notwendigkeit akzeptiert, zeigt allein, wie gut man uns dressiert hat – und dass das Stimmvieh nun mal geduldig ist...

Daneben steht selbstverständlich die andere Seite: Während ich eine tägliche Fahrzeit von *wenigstens* einer Stunde in Kauf nehmen muss – arbeitet mein Freund gleich um die Ecke. Fußweg: *Nicht einmal fünf Minuten*. Seine Werbungskostenpauschale für diesen Aufwand: 920 € im Jahr. Ebenso wie für meine Frau – die ihren Job von Zuhause ausübt. Und muss sie tatsächlich mal außer Haus, werden ihr die Kosten ersetzt (*einschließlich* der „Zeit").

Mein Freund könnte dabei meine Arbeit sicher ebenso gut erledigen wie ich die seine, schließlich haben wir beide auf dem Bau gelernt. Doch leider bietet sein Job nur Platz für einen (er ist Hausmeister) – während meine Firma *vergeblich* Leute sucht (Daher die Kollegen, die hunderte Kilometer anreisen.). Wir wohnen übrigens beide im gleichen Ort; nur wenige hundert Meter voneinander entfernt.

Der Normal- und Regelfall dürfte heute sein: Von den Eheleuten, die in **A** wohnen, arbeitet die Ehefrau in **B**, während ihr Mann in **C** beschäftigt ist. Selbst wenn sie also zum Arbeitsplatz des einen umziehen würden – müsste der andere noch immer pendeln. Allerdings macht es kaum Sinn, nach jedem Arbeitsplatzwechsel oder -verlust die Wohnung zu wechseln, weil der neue Arbeitsplatz wiederum ganz woanders ist. Und dass die Arbeitsplätze heut kaum noch sicher sind, und langfristig schon gar nicht, muss man nicht einmal mehr dem letzten Trottel noch erklären. Wo Tatsachen also so beharrlich ignoriert werden, kann man schon mit Fug und Recht von ideologischer Verblendung und Verbohrtheit sprechen. Worin auch immer das seine Gründe haben mag.

Nun, gesetzt dem Fall, bei dem zitierten Ehepaar handelte es sich um Sie und Ihre Frau(en): Wie würden Sie wohl handeln, wenn Ihnen beiden jeweils ein Arbeitsplatz an Ihrem Wohnort A angeboten würde (und keiner von ihnen brauchte mehr nach B oder C zu pendeln – wenn sie es den heute müssen)[6]? Würden Sie tatsächlich weiterhin täglich wenigstens eine Stunde[7] Arbeitsweg in Kauf nehmen; bei *tatsächlichen* Fahrtkosten von mindestens 50 Cent – pro gefahrenen Kilometer! -, wenn Sie doch 920,-- Euro „kassieren" können – *ohne* dafür auch nur das Geringste zu investieren? Falls Sie jetzt Nein sagen: Warum sollten also alle anderen dümmer handeln als Sie? Ein Ja spräche wiederum für sich selbst...

Man muss dabei nicht einmal Ökonom sein und auch kein Genie in Mathe, um den ideologischen Unfug zu entlarven. Denn selbst dem Dümmsten ist heut klar: Wer ein paar hundert Euro investiert[8], um dafür und davon nur „ein paar Cent" *zurück*zubekommen – ist ein wahrer Idiot. Das beweisen allein schon die nackten Zahlen; nämlich die Bilanz der *realen* Kosten. Ich kenne daher auch keinen einzigen, der pendelt – um „Gewinn zu maximieren". Dennoch scheint man uns für solche Idioten zu halten. Nein, hier geht es weiß Gott nicht darum, Privilegien zu verteidigen, sondern allein die vollen Kosten des *beruflich bedingten* Aufwands anzuerkennen. Ohne Wenn und Aber. Die Ignoranz dieser Kosten läuft jedenfalls auf die Benachteiligung, ja gar *vorsätzliche Bestrafung* der Arbeitenden hinaus.

Das hier nur nebenbei sollte Deutschland in der Sache tatsächlich alleine stehen: Auch wenn viele *falsch* handeln, wird es *nicht richtig*, nur weil sie das Falsche alle gemeinsam tun. Denn die Tatsache der *Arbeitskosten* selbst wird davon *nicht* im Geringsten berührt. So offenbart sich allenfalls, wie gleichgültig man gegen die Rechte der Bürger ist. Ein Ruhmesblatt ist das sicherlich nicht. Und damit kommen wir zum nächsten Ärgernis:

Die Frage des Ehegattensplittings scheint tatsächlich ein wenig komplizierter, aber doch wiederum nicht so unbegreiflich, dass gesunder Menschenverstand daran verzweifeln muss. Im Groben formuliert sich der Vorwurf, dass das Ehegattensplitting verheiratete Paare *mit hohem bis sehr hohen* Einkommen und nur *einem* Verdiener bevorteile, und so wird schon seit langem nicht nur die Abschaffung, sondern auch die Umstellung auf ein *Familiensplitting* gefordert. Bevor ich mich aber nunmehr diesem Zankapfel zuwende dies hier vorab:

Selbst wenn diese Forderung durchaus sinnvoll erscheint, so ändert sie jedoch nichts an der Sachlage selbst – sondern erweitert den Vorwurf letztlich nur auf die Kinder: Da Kinder in der Regel *kein eigenes* Einkommen beziehen, ihnen aber ein Teil des familiären Einkommens zuzuweisen wäre – bleibt die Tatsache des scheinbaren steuerlichen Vorteils der hohen Einkommen nach wie vor bestehen. Gänzlich unberührt davon ist die Frage, ob es nicht längst schon höchste Zeit für ein Familiensplitting wäre, um auch endlich den Kindern den Rang zuzuweisen, der ihnen in der familiären Einkommensverteilung zukommt. Schließlich ist *Steuerpolitik* bewusste Gestaltung der Gesellschaft. Doch nun zur Sache:

Die Ehe ist eine Schicksalsgemeinschaft, in der nicht nur Freud und Leid, sondern eben auch (finanzieller) Gewinn und Verlust geteilt werden. Und das nicht nur im

---

[6] Machen wir's noch einfacher: Gehalt und Betätigung würden sich nicht verschlechtern...
[7] Also einen kompletten Arbeitsmonat von wenigstens 230 Stunden! Setzen Sie ersatzweise Ihr Monatseinkommen ein, um allein nur den finanziellen Verlust zu ermessen. Vom Stress und Elend auf der Straße ganz zu schweigen...
[8] Die dabei auf immer *verlorene* Zeit noch nicht einmal in Geldeswert umgerechnet! Denn die wird erstaunlich allemal „vergessen", als sei unser Leben wohlfeil zu haben...

beliebigen Ermessen und nur zum Teil, sondern in Gänze und zu jeder Zeit. Sie stellt somit jeden der beiden Partner in die *volle* Verantwortung gegen den jeweils anderen. Im *gesamten* Umfang und *ausnahmslos*. Und genau das ist die Grundlage, das Fundament, auf dem das Ehegattensplitting baut.

Beim Splitting wird eben nicht einfach mal so nach Lust und Laune das Einkommen (steuerlich) geteilt, weil es für die Eheleute vorteilhaft ist, sondern weil die *Ehe als Rechtsform* dem jeweiligen Partner *jederzeit einklagbaren Rechtsanspruch* auf Einkommen und Vermögen des anderen zu *gleichen* Teilen einräumt! (Im Grunde ist dies sogar der Anspruch *jedes einzelnen* Familienmitglieds. Schließlich haben Kinder Anspruch auf Unterhalt, und der orientiert bekanntermaßen an der Höhe des Einkommens. Also nicht nur am grundsätzlichen Bedarf zur Existenzsicherung, sondern darüber hinaus auch am *Zuwachs* aus steigendem Einkommen *jedes* Elternteils. Daher wäre die einzig wahre Konsequenz ja tatsächlich das Familiensplitting.)

Ganz anders die Unverschämtheit des Staates, wo er in höchst fragwürdiger Manier Einzelnen Verpflichtung für andere aufzwingt, die in *seiner eigenen* Verantwortung liegt, während er diesem Einzelnen zugleich die Rechte verweigert, die mit solcher Pflicht verbunden sind. Allerdings ist dies nur Ausdruck der allgemeinen Verlotterung eines Staates, dem der Bürger nur Dukatenscheißer ist, an dem er sich nach Belieben bedient[9]. Die Rede ist von der Lebensgemeinschaft ohne vertragliche Bindung, der „wilden" Ehe. Sie beinhaltet zwar die Verpflichtung gegen die gemeinsamen Kinder – *aber doch nicht im gleichen Maße* gegen den Partner. Das, *und nur das*, ist der alles erklärende Grund, weshalb in diesem Fall das Splitting nicht zum Tragen kommt: Die eigentlich ausschließliche Freiwilligkeit zur Versorgung des Partners.

Wir kommen der Sache übrigens wesentlich näher, wenn wir die Ehe (und im Grunde auch die Familie) als das begreifen, was sie im Rahmen von Staat und Gesellschaft sind: *Eine gemeinsame Wirtschaftseinheit*. Und so, wie der eine Teil eines Unternehmens Gewinn machen kann, während der andere leider Verluste erleidet – die *gegenseitig* aufgerechnet werden! -, so sind Ehe (und Familie) also nicht schlechter zu stellen, als jedes Unternehmen. Mit welchem Recht wollte man die Ehe gegen das Unternehmen benachteiligen? Darüber hinaus ist allerdings auch „die Familie nicht zu Lasten der Ehe, sondern zu Lasten der Kinderlosen zu stärken"[10], wie der Steuerrechtler Paul Kirchhof treffend feststellt – denn *beide* stehen unter dem Schutz des Staates. Ehe wie Kinder gleichermaßen.

Dass die Wirklichkeit dem nur allzu oft Hohn spricht, ist eine andere Sache. Wenn wir die Sachlage nämlich näher betrachten, ist es ohnehin Augenwischerei. So gibt es ja *nicht wirklich* eine Entlastung[11] für Familien mit Kindern, so wenig, wie das steuerfreie Existenzminimum von Vater und Mutter eine Leistung des Staates sind, sondern lediglich sein Zugeständnis – ihnen Zugriff auf *ihr selbst erwirtschaftetes Einkommen* einzuräumen, das sie dabei allein ihrem eigenen Bemühen danken. Sie sind folglich nicht etwa Almosenempfänger des Staates, der gern *vorgibt* sie zu ernähren, sondern umgekehrt: Sie als Bürger sind nach

---
[9] Was eigentlich ziemlich beschämend für ihn ist, ihn allerdings noch niemals gekümmert hat. Er nimmt die Vorteile, wo er sie sieht. Ebenso schamlos wie so mancher Bürger...
[10] Paul Kirchhof - Der sanfte Verlust der Freiheit, Seite 117
[11] Die Mehrwertsteuer auf den Lebensunterhalt der Kinder zum Beispiel ist wie so vieles andere eine *Strafsteuer, die nur Eltern zahlen* – weil sie Zukunfts-Verantwortung übernehmen! Ein Familienvater wird also ironischerweise in Haftung genommen – weil er dem Staat die künftigen Steuerzahler versorgt und ernährt. Wem, bitte schön, wäre dafür und aus welchem Grunde auch noch Dankbarkeit abzustatten?

wie vor Ernährer und Versorger des Staates! Dass man die Tatsachen auf den Kopf stellt, heißt doch nicht, dass sie tatsächlich auch kopfstehen...

Selbst das als Sozialleistung hoch gejubelte Kindergeld ist im Grunde nicht mehr als nur eine *Rückerstattung* der zuvor und für alles und jedes eingeforderten Steuern an die Eltern, die darüber hinaus nämlich *sämtliche* Kosten für ihr(e) Kind(er) *selber* tragen[12]. Denn unbestreitbare *Tatsache* ist: Die Grundfreibeträge der Eltern wie der Kinder[13] stellen den Eltern nur frei, *was in der Mehrheit allein sie selbst* für sich und ihre Kinder zum Erhalt ihres Lebens erwirtschaftet haben.

Es wäre in den ganzen Debatten überhaupt einmal angebracht, diesen Gesichtspunkt nie aus den Augen zu verlieren. Denn das wirtschaftliche Handeln des einzelnen Bürgers kennt zuerst und allein nur ein Ziel: Den Broterwerb zur Sicherung des eigenen Lebens. *Dabei kann er nichts mit größerem Recht sein Eigen nennen als das, was er aus eigener Kraft erarbeitet hat* (Ob allein oder in Gemeinschaft ist letztlich nur ein Aspekt seiner Arbeit *nicht* aber deren Voraussetzung.). Wo und wenn der Staat mithin mehr sein will und soll, als bloß ein Schutzgelderpresser und räuberischer Wegelagerer nämlich im wahrsten Sinn des Wortes eine *Vereinigung freier Bürger*, hat er dem unbedingt Rechnung zu tragen. Der Staat hat das Lebenserforderliche dabei *nicht nur so knapp* zu bemessen, dass es den Hunger mildert und dürftig kleidet, sondern den Bürger *ausreichend und in jeder Hinsicht* versorgt, und er hat das nicht etwa als Gnade zu gewähren, sondern als das *gute Recht des Bürgers* auf *sein selbst erwirtschaftetes und wohlverdientes* Einkommen. Nicht der Bürger hat sich also dem Anspruch des Staates unterzuordnen, sondern dieser sich dem Wollen und Wohl seiner Bürger. Alles andere bezeigt nur die eigene Affinität zur Diktatur...

Greifen wir übrigens den Gedanken der ausreichenden Überlassung *lebensnotwendiger* finanzieller Mittel einmal auf, so landen wir unversehens und nahezu unweigerlich bei einem weiteren Aspekt Ihrer Erörterungen: Der so genannten „Wohneigentumsförderung", die uns allemal als eine weitere überflüssige „Großzügigkeit des Staates" ausgegeben wird. Wobei sich mir das irgendwie nicht erschließen will, denn entweder hakt Ihre Logik – oder die Wirtschaftheorie (in Betriebs- und Volkswirtschaft) geht schon grundsätzlich in die Irre. So mag es ja wahrhaft zutreffen, dass sich „nicht jeder Deutsche das eigene Häuschen leisten kann" - aber dann kann er sich im Grunde die Miete ironischerweise ebenso wenig leisten; obwohl er es denn muss.

Denn Tatsache ist: Der Vermieter vermietet – weil er damit *Gewinn* macht. Den kann er allerdings nur erzielen, wenn die Kosten seiner Investition – also der

---

[12] Am einfachsten wäre das Problem wohl zu lösen, indem der Staat den Aufwand für *sämtliche* Kinder seiner Bürger vorab in Gänze übernimmt – schließlich holt er sich seine Ausgaben von ihnen später als Steuerbürger *vollständig* zurück. Eine Möglichkeit, die ihren Eltern übrigens grundsätzlich verweigert ist. Diese haben heutzutage noch nicht einmal die Gewissheit, die wenigstens in alten Zeiten noch bestand: Dass ihnen ihre Kinder Versorger im Alter sein werden. Nein, auch hier nimmt der Staat ihre Kinder später vor allem und zuerst für Fremde in Anspruch, denn sollten die Beitragszahlungen der Eltern ihnen keine ausreichende Rente gewähren, werden die Kinder noch *zusätzlich* für ihre Eltern belastet – sofern es denn ihr Einkommen erlaubt.
[13] Auch wenn uns allerlei Rechenkünste und sophistische Spitzfindigkeit immer wieder beweisen sollen, dass der Staat für unsere Kinder sorgt. Selbst der ausgewiesene Kinderfreibetrag muss ja als *soziale Leistung* herhalten! Ebenso frech könnte man allerdings behaupten, das steuerliche Existenzminimum des Erwachsenen per Definition einfach mal „Erwachsenengeld" genannt – sei eine soziale Leistung des Staates, die den einzelnen Bürger ernährt und versorgt...

Kauf oder Bau der Wohnung oder des Hauses – *geringer* sind als die Miete, die er dafür erhält. Die wiederum ist nur lukrativ, wenn sie *profitabler* ist, als die ohne Risiko versehene Spareinlage bei einer Bank. Wo also liegen mögliche Gründe, dass *selbst bewohntes Eigentum* letztlich teurer ist als die Miete des Gewinnstrebens – und als es eigentlich sein müsste?

Zum einen vielleicht darin, dass der Staat den Erwerber selbst genutzten Wohneigentums *zuallererst* schon gegen das Gewinnstreben *benachteiligt*? So, wie er auch das Kapital auffallend gegen die Arbeit bevorzugt. So vermag zwar der (künftige) Vermieter *sämtliche Zinskosten* des Hauskaufs oder –baus *von der Steuer abzusetzen* – der Selbstbewohner aber *nicht*[14]. Der das im Übrigen nicht nur in den USA jedoch kann und darf[15]. Was einmal mehr unterstreicht, in welchem Maße Steuerrecht – allemal bloß Willkürrecht ist und stets auch bleibt.

Dazu kommt, dass Bauen fast nirgendwo so kostspielig kommt wie in Deutschland, und es ist dabei wesentlich der Staat selbst, der es verteuert. Das macht nicht einmal vor „sozialen" Projekten Halt: Da bekommt zum Beispiel die Familie mit Kindern den Zuschlag für ein zu bauendes Reihenhaus mit entsprechender „Förderung" – doch die entspricht etwa jenem Teil, den sie an Grunderwerbsteuer *sparen* würde, hätte man Grundstück und Hausbau *fiskalisch* voneinander *getrennt*, denn: Die Steuer auf den Grund allein ist erheblich niedriger – als auf das Gesamtobjekt. Wird hier also gefördert – oder eher abkassiert? Ich jedenfalls zweifle in solchem Fall stark am sozialen Gedanken...

Nicht zuletzt ist es also maßgeblich der Staat, der dem Bürger die *notwendigen* Mittel entzieht, sich die eigene Wohnung leisten zu können. Dabei ist Wohnen ein *Grundbedürfnis* (und zugleich Menschenrecht) des Einzelnen - wie Nahrung und Kleidung - und dieses strebt sogar in besonderem Maße nach Sicherheit. Die ist in Miete allerdings kaum gegeben. Die Frage des Nutzungsrechtes des eigenen Einkommens ist also gerade in dieser Frage wesentlich. Denn erst nachdem der Staat den Bürger seines Einkommens beraubt – ist dieser gezwungen, sich das nötige Geld zu *hohem* Zins und ebensolcher Gebühr zu leihen. Der Bürger ist hier also weniger Nutznießer eines Privilegs, als vielmehr *Opfer vorausgegangener Willkür* (Für uns Normalsterbliche bewegte sich die so genannte Eigenheimförderung damit bisher allenfalls auf dem Gebiet der *Wiedergutmachung*. Geschenkt wurde da augenscheinlich nix.). Oder muss man wirklich stets aufs Neue daran erinnern, dass der Bürger *nicht* Eigentum des Staates ist; und somit auch nicht *sein* Hab und Gut und Einkommen?

Sollen, dürfen, ja müssen wir gar auf immer vergessen, wer Schöpfer des Reichtums und *des Wohlstands der Gesellschaft* ist; nämlich der *arbeitende* Bürger – und niemand anderer? Auch dieser Punkt scheint mir nämlich nur allzu oft aus dem Blickfeld zu geraten. Über der Anmaßung des Staates nach Gutdünken zu befinden, wie gering das Existenznotwendige des Bürgers (als Erwachsener oder Kind) gerade mal sein darf, wird gern ignoriert, dass wir bei dieser Zuteilung stets von dem vom Bürger selbst erwirtschafteten Einkommen sprechen – und nicht von einem Almosen, das der Staat aus seiner Schatulle gewährt. Dort aber, wo er dem Einzelnen das Lebensnotwendige *beschränkt*, ja wo er gar Ungerechtigkeit und Unrecht ins Recht erhebt, das dann all die

---

[14] Niemand käme dabei auf den Gedanken, die steuerliche Anerkennung der Zinskosten aberwitziger Weise als Subvention oder auch nur als Förderung zu bezeichnen, wenn es ums Gewinnstreben geht – doch im anderen Fall kann es offenkundig stets nur das sein.
[15] So zählt zwar die Miete – also die Tilgung des Baukredits - als Konsumausgabe, nicht aber der begleitende Zins, der *keinen greifbaren* Nutzen bringt.

Missgeburten hervorbringt, deren er sich schließlich erwehren muss, zwingt er den Bürger in seiner Not geradezu gegen Recht und Gesetz zu handeln. Den, der 10.000 € im Monat verdient, wovon ihm im schlimmsten Fall nur 5.000 € netto verbleiben, muss es nämlich nicht bekümmern, wenn das Existenzminimum viel zu knapp bemessen ist, denn sein wirklicher Gewinn läge in einer Steuersenkung im oberen Rand seines Einkommens. Dem aber, der am Ende nur noch über 900 € netto verfügt, wo *wenigstens* 1.000 € notwendig wären, dem ist das Ganze ein großes Unglück (Es gibt im Übrigen keinen Grund stolz zu sein, dass man Menschen zwingen kann, wie „Tiere" zu leben, und es gibt erst recht keinen Grund, zu solchem Beweis bereit zu sein.).

Wo der Staat den Bürger also *existentiell* in Bedrängnis bringt, ist es oberstes Gebot und unausweichlich Notwehr, sich seiner Forderung zu versagen. Im Grunde wirft der Staat den Mensch damit auf seine tierische Natur zurück, und diese kennt bekanntlich weder Raub noch Diebstahl. Nicht einmal Mord. *Sie ist purer Überlebenskampf.* Für sie zählen damit weder Recht noch Gesetz. Doch es liegt am Staat und nicht am Bürger dies entsprechend zu ändern, denn dem fehlt hierzu jegliche Macht.

Vor etwas mehr als zehn Jahren musste der Familienvater dreier Kinder seine Zähne sanieren lassen. Und obwohl er nur selten mal einen Arzt frequentierte oder sonst der Kasse auf der Tasche lag, musste er als „Eigenleistung" einiges mehr als 3.000 DM zahlen. Damals galt noch der Grundsatz: Zuzahlung ganz - oder gar nicht. Das hieß: Unter einer bestimmten Einkommensgrenze war man von Zuzahlung *vollständig* befreit. Doch darüber gab's *keinen* Pfennig Nachlass. Da die *fünfköpfige* Familie allerdings stets in Nöten war, hatte der Familienvater regelmäßig Überstunden gemacht. *Seine Tüchtigkeit sprengte die Grenze* – und somit wurde er vollständig zur Ader gelassen. Um die Schuld zu begleichen, musste er einen Kredit aufnehmen – und sich so über viele Jahre verschulden. Das war der Augenblick, wo der Maurer – zum Schwarzarbeiter wurde. Und es war der Moment, wo ihm der Staat die letzte Sympathie verlor; seinen Respekt sowieso. Und nichts davon wird er je zurückgewinnen. Denn wenn nach der Diktatur wohl kurze Zeit Zuversicht war, dass sich alles zum Besseren wendet, so hat ihm diese „Demokratie" auch noch die letzte Hoffnung begraben...

Eine Hoffnung, die der junge Ehemann gar nicht erst hat, der, gut ausgebildet, nach seinem „Freiwilligen Sozialen Jahr" *keine* Arbeit in seinem erlernten Beruf findet – und so der Leiharbeit ausgeliefert wird. Wo man nach dem Motto verfährt: „Besser irgendeine Arbeit – als gar keine Arbeit". Was sich aber schnell als der Unfug entlarvt, der er ist, wenn man dem Wortstamm einfach eine kurze Ergänzung beifügt: Besser *Sklaven*arbeit – als keine. Also besser Sklave sein, als hungern müssen. Formell ist das Problem damit erledigt: Der Sachbearbeiter kann es abhaken – und der Statistik ist genüge getan. Auch die Verleihfirma macht allemal ihren Schnitt; solange man den Mann einsetzt. Nur das Opfer selber ist allen Unbill ausgesetzt. Nach seinem Interesse wird *nicht* mal gefragt.

Doch wenn der Staat selbst es dem einzelnen *unmöglich* macht, sich als professioneller Verleih(arbeit)er *selbständig* zu verdingen – und so auch den Gewinn einzuschieben, den die Leiharbeitsfirma mit ihm macht –, ihn stattdessen aber *zwingt, jedes Angebot* einer Leiharbeitsfirma annehmen zu müssen – ist er dann wirklich mehr als nur noch ein besserer Sklavenhändler?

Schon zu allen Zeiten herrschte dabei ein Raubrittertum, das sich am Ertrag der Arbeit anderer vergriff. Und daran hat sich bis heute nichts geändert. Die Methoden sind wohl anders, aber die Praxis ist noch immer die gleiche. War es früher gottgewolltes Schicksal der Opfer, so hat die Moderne längst Theorien erschaffen, die das scheinwissenschaftlich rechtfertigen. Deshalb gibt es ja auch keine Ausbeutung mehr, sondern allein noch – vertraglich (!) vereinbarte Aneignung. In der Praxis Menschen zu vermieten wie Maschinen, ist es schließlich nur zur Vollendung gereift[16].

Wir halten uns für moderne Humanisten? Da waren die Sklavenhalter längst viel weiter: Die mussten ihre Sklaven immerhin *vollständig* versorgen und ernähren, wollten sie ihr Eigentum wahren (Aber selbst *arbeitsunfähige* Sklaven wurden nicht etwa geschlachtet, sondern weiter versorgt!). Heut dagegen wird das Leben zum *Gnadenakt*: Wenn du nur billig genug bist, darfst du meine Fenster putzen (...weil ich das ohnehin nicht gerne mach') – und kannst so mit Glück überleben.

Doch zurück zu unserem jungen Handwerker: Den *entscheidenden* Teil seiner beruflichen Qualifikation erwirbt der Mensch nicht mit seiner Lehre, sondern *mit der täglichen Arbeit danach*. Erst Übung macht bekanntlich den „Meister". Wo dem Ausgelernten diese aber *verweigert* ist, ist es gerade so, als bliebe er auf Ewig Lehrling. Da er den Beruf *nicht ohne* Grund erwählte, bleibt ihm im Grunde keine Wahl: Er nimmt die Offerte eines Meisters an – der ihm allerdings nur Schwarzarbeit bietet. Dass auch der an ihm nur verdienen will, ist ihm das *kleinere* Übel, denn so kann er sich zumindest seine Fähigkeiten erhalten und sie gar verbessern – was ja der Sinn der gesellschaftlichen Arbeitsteilung ist.

Und nun lassen Sie es sich von einem ehemaligen Schwarzarbeiter mal klipp und klar sagen: Nichts lieber als das – dass man *nicht* schwarzarbeiten muss! Denn *nichts* bringt mir je die verlorenen Stunden zurück, die ich damit verbringen musste – statt machen zu können, was mir viel lieber gewesen wäre. *Nicht eine Stunde davon verzeih' ich diesem Staat* – von dem ich nie mehr verlangte, als nur mein Bemühen um das Wohl meiner Kinder zu achten und zu würdigen. Für den Rest wollte ich schon jederzeit selber sorgen. Doch das hat er dem Vater so schwer wie nur möglich gemacht.

Und damit noch einmal zu unserem jungen Handwerker, dem sein Schwarzarbeit-Chef den Lohn zahlt: Auch er würde die Schwarzarbeit nur zu gern hinter sich lassen und stattdessen lieber in gesicherte soziale Verhältnisse eintreten, die ihm vielleicht und endlich auch einen *eigenen* Hausstand ermöglichten – wie in früherer Zeit noch seinen Eltern. Doch die Chance müsste ihm eben auch geboten sein und nicht nur ein Dasein als Arbeitssklave fremder Gewinninteressen[17]. Und damit sind wir schon mitten im Kern des Übels, das die Schwarzarbeit weit von der „Schweiz des kleinen Mannes" entfernt und uns zum eigentlich wahren Problem der Gesellschaft führt: Ihrem auffallenden Mangel an Verlässlich- und Gerechtigkeit. Denn letztlich vermag das Steuerrecht nie und nicht zu schaffen, woran es die Gesellschaft schon grundsätzlich missen lässt, ist doch das Steuerrecht nur ein Spiegel der gesellschaftlichen Verhältnisse. Und die sind längst hundsmiserabel...

---

[16] Wir müssen uns aber nicht darüber wundern, wo doch – nicht nur - der ehemalige Arbeitsminister Clement schon als Minister sicher sehr gut wußte, welche Entscheidungen *ihm* in der Zukunft profitabel würden. Da können wir die politische Riege hoch und runter gehen – es ist immer dasselbe: Wo man hinschaut: Schmarotzer...
[17] So sieht ein Leiharbeitsvertrag zum Beispiel vor, dem Vertragsnehmer – hier ist wohl eher vom auserkorenen Opferlamm zu sprechen - „*ohne* Nachweis eines konkreten Schadens (!) eine Vertragsstrafe in Höhe des *Brutto-Entgeltes*, das der Mitarbeiter in der maßgeblichen Kündigungsfrist erzielt hätte", im entsprechenden Fall abverlangen zu können. Auf solch Unverschämtheit muss ein anständiger Mensch erst einmal kommen: Den Sklaven ausbeuten – und dann Regress fordern, wo der sich verweigert...

Doch worin konkret besteht nun eigentlich die Abscheulichkeit des Verbrechens der Schwarzarbeit? Was nämlich häufig so klingt, als teilten sich zwei Ganoven ihre Beute, ist im Grunde nicht mehr – als die Weigerung, sich den *Lohn harter Arbeit von anderen* entreißen zu lassen. So erschleicht sich zum Beispiel keiner der beiden - in den von mir geschilderten Fällen - etwa staatlichen Almosen[18] oder sonst wie Versorgung durch den Staat oder andere. Wir reden hier auch nicht davon, dass einer seinen Profit aus der Arbeit anderer schlägt und ihn vervielfacht, in dem er sich der staatlichen Zusatzkosten entledigt. *Nein, beide leben im besten Sinn des Wortes allein nur von ihrer Hände Arbeit*, wofür sie *niemandem* anderen etwas schulden. Und so steht dieser Akt des zivilen Ungehorsams lediglich gegen staatliche Willkür[19] und Ausbeutung. Oder wie würde ein Ökonom wohl den Zustand benennen, in dem ein „Maler fünf Stunden lang Wände streichen (muss), um sich für zwei Stunden einen Klempner leisten zu können", wie Tyll Necker schon vor mehr als 20 Jahren feststellte - und woran sich bis heute nichts zum Besseren geändert hat, was auch die folgende Feststellung vom Chefredakteur der Wirtschaftswoche Roland Tichy benennt: "Ein Handwerker muss *fünf* Stunden arbeiten, um *eine* reguläre Stunde vom Fachmann des anderen Gewerks bezahlen zu können[20]..."?

Immerhin: Schon Kinder, doch selbst Affen, *verweigern* die Kooperation, wo und wenn man sie über den Tisch zieht, ihnen also die erwartete Gerechtigkeit verweigert. Und da fordert man von Menschen, denen man eine hohe Bildung abverlangt, dass sie sich wie Dummköpfe übers Ohr balbieren lassen? Ist das nicht ein wenig weltfremd – und unverschämt anmaßend noch dazu?

Ja, was rät eigentlich ein *Ökonom* - frei jeglicher moralischen Wertung - einem Arbeiter, der mindestens *drei* Brote backen muss – um sich das *eine* leisten zu können, dessen er selber bedarf? Wenn der Arbeiter also *dreimal so viel* zahlen muss, wie das *von ihm* gebackene Brot wert ist. Ja, was konkret empfehlen Sie diesem Mann? Sich in sein Schicksal zu fügen? Und wie ist solcher Zustand entsprechend zu bezeichnen? Ich für meinen Teil scheue mich jedenfalls nicht, das Ganze aus verschiedenen Gründen eine Ausbeuterherrschaft zu nennen; und die hat dabei viele Gesichter. Es fängt ja nicht erst mit der Steuer an...

Und was spricht der freie Bürger, der nicht Untertan ist – sondern tatsächlich noch Souverän? Hat er überhaupt noch das Recht sich gegen die Diktatur von Willkür und Gier zu erheben, oder muss er sich dem schicksalhaft fügen, weil man uns die Zustände als „demokratisch" entschiedenen Volkswillen verkauft? Tatsache jedenfalls ist, dass uns Verhältnisse geschaffen werden, die uns keine Möglichkeit zum Entrinnen mehr geben. Wir sind längst Geiseln des Staates.

---

[18] Der überdies stets nur künftige Fron zum Hungerlohn im 1-€-Job im Gefolge hat.
[19] Eine Willkür, mit der der Staat nach Belieben zum Beispiel dem einen Bürger 2.500 € zur Finanzierung eines neuen Autos gibt, die er dem anderen zur Finanzierung einer neuen und *gleichwertigen* Küche aber verweigert – während er am Ende aber *beide* Bürger zur Begleichung der Schuld in Haftung nimmt. Und so sind wir denn auch keine Rechts-, sondern vielmehr und eher eine Unrechtsgesellschaft. Nichts verdeutlicht uns das eindrucksvoller als das Steuerrecht, in dem man sein Recht schon verliert, wenn man aus Unkenntnis versäumt, fristgemäß gegen ein *Unrecht* Einspruch zu erheben – als sei Recht nur befristet -, und wo man sein Recht auch dann nicht bekommt, wenn es andere erfolgreich eingeklagt haben – man selber aber eine Klage unterließ. Als gelte Recht nur für den, der sich darum bekümmert und nicht für jeden...
[20] Was zwar *nicht grundsätzlich* zutrifft, aber auf dem Weg der „kalten Progression" *für Überstunden* wiederum stimmt.
http://www.wiwo.de/blogs/chefsache/2008/05/17/wir-bosen-burger/

Macht es da wirklich noch bedeutsamen Unterschied, ob man die Bürger gleich in Arbeitslager interniert oder sich den Ertrag ihrer Arbeit anders aneignet? – Ebenso ließe sich wohl fragen: Ist es ein Fortschritt, wenn ein Kannibale Messer und Gabel benutzt[21]?

Es heißt zwar gemeinhin, man solle einem bewaffneten Räuber lieber die Brieftasche aushändigen, als das eigene Leben zu riskieren, ist das aber wirklich als Freibrief für Räuber gedacht? Ja, muss oder sollte man ihm dann gar noch das letzte Hemd überlassen – so er nur der größte aller Räuber ist?

Und auch das sollten wir nicht übersehen: Der *größte* Teil der Schwarzarbeit würde in regulärer Leistung *niemals* erbracht. Die Betroffenen müssten somit auf Wohlstand verzichten, weil sie ihn sich *nicht* leisten könnten. Es sei denn, sie würden die Arbeiten eben mit *weit größerem* Aufwand *selber* ausführen – oder in so genannter Nachbarschaftshilfe: Schneidest du mir meine Haare, putze ich dir deine Fenster, oder: Wenn du mein Auto reparierst, mauere ich dir deine Garage oder versorge dich mit Gemüse aus meinem Garten. Im Grunde werden wir dabei aber nur auf den *Tauschhandel* früherer Zeiten zurückgeworfen. Welchen Anspruch könnte der Staat eigentlich dort erheben?

Nichts von dem, was bisher vorgetragen wurde, ist allerdings geeignet, die Schwarzarbeit zu idealisieren: Sie ist ein gesellschaftliches Übel[22] und eine Schande noch dazu. Doch beides spricht weniger von krimineller Neigung des Bürgers[23], als vielmehr von der Unfähigkeit, einen *gerechten* Staat zu führen. Denn wie kann es überhaupt sein, dass die eigene Arbeit manch Einzelnen nicht einmal mehr ernährt – während sie seinem „Arbeitgeber" noch Haus und Hof einbringt? Und damit sind wir schon mittendrin im Thema *Steuer und Gerechtigkeit*, mit dem bekanntlich allerhand Schindluder getrieben wird – auch wenn ich selbst ohnehin nicht an Gerechtigkeit in dieser Sache glaube. Wie kann schon in einem Willkürakt je Gerechtigkeit liegen? Solche Hoffnung ist so naiv wie der Glaube, „dass widerwärtige Menschen aus widerwärtigen Motiven irgendwie für das allgemeine Wohl sorgen werden", wie vor nicht allzu langer Zeit schon John Maynard Keynes feststellte...

Doch beginnen wir mit einem einfachen Beispiel, an dem ich zugleich gern exemplarisch verschiedene Gegebenheiten unserer Gesellschaft aufzeigen möchte. Des einfacheren Verständnisses wegen fasse ich es in Zahlen:

Wir haben ein Unternehmen mit 1.000 Mitarbeitern und einem Boss. Jeder der Arbeiter erwirtschaftet eine Leistung von 3.000 Hinkel im Jahr. Macht summa summarum 3 Millionen Hinkel. Unterstellen wir darüber hinaus, dass das Unternehmen eine sichtbare und greifbare *produktive* Leistung erbringt, die zugleich *exakt messbar* ist. Eine Ware, ein Produkt, das den Menschen

---

[21] Stanisław Jerzy Lec
[22] Ihre Feststellung, dass sich ein demokratisches Gemeinwesen ein solches Verhalten nicht leisten könne, läuft am Ende jedoch nur darauf hinaus: Da der Staat *alle* plündert – hat *keiner* das Recht, sich seiner Plünderung zu entziehen. Das scheint mir denn aber doch ein recht seltsames Verständnis von Demokratie und Gerechtigkeit – die der Staat dabei ja als erster (und im Grunde wohl auch im besonderen Maße) verletzt...
[23] Und so stellt den Friedrich Schneider auch fest: „Schwarzarbeiter, das wissen wir aus Erhebungen, können etwas. Sie ... sind einsatzfreudig und ergreifen die Initiative. Sie sind *besonders vertrauenswürdig* ... Schwarzarbeiter müssen schaffen, wovon Betriebe der offiziellen Wirtschaft träumen: Leiste gute Arbeit, sei zuverlässig, so dass ein Kunde den nächsten bringt... Die *typischen* Schwarzarbeiter sind keine kriminellen Außenseiter, sondern Menschen aus der Mitte der Gesellschaft. *Sie verbindet der Wille zur Leistung und Freude am Erfolg.*"

unabkömmlich ist, weil es zur Befriedigung der *Grundbedürfnisse* unbedingt dazu gehört. Zum Beispiel das Dach überm Kopf (Mir fällt jetzt nichts Besseres ein und so greife ich zum mir Naheliegenden; ich bin nämlich Maurer...). Von dem Unternehmen werden also Häuser und Wohnungen gebaut (Was einen weiteren Vorzug hat, wie ich im Verlauf noch zeigen werde.).

Nehmen wir weiter an, der Ertrag des Unternehmens würde am Ende wie folgt geteilt: Jeder der Arbeiter erhält – der Einfachheit halber - einen Lohn von 1.200 Hinkel; der Boss hingegen 800.000 Hinkel. Der Rest verbleibt als Gewinn im Unternehmen und wird dort investiert, um „die Chancen des Unternehmens am Markt zu verbessern" (Eine der großen Floskeln unserer Zeit.).

Als Steuerbürger müssen die Einzelnen ihre Einkommen selbstverständlich veranlagen. Da der Staat 800 Hinkel als existenziellen Grundbedarf unterstellt und anerkannt, obwohl knapp 1.000 Hinkel *tatsächlich* erforderlich wären[24], werden jedem Arbeiter die Steuern auf 400 Hinkel abverlangt; der Staat nimmt von ihnen je 10 Prozent, bekommt also 40.000 Hinkel zusammen. Ganz anders von ihrem Boss: Sein hohes Einkommen wird mit 50 Prozent veranlagt und garantiert dem Staat also 399.600 Hinkel als Einnahme. Er erhält somit von ihm ein Mehrfaches der Steuern, die ihm die Arbeiter in ihrer Gesamtheit zahlen!

Das Beispiel demonstriert uns verschiedenes. Zum einen ist der Boss ganz offensichtlich der größte Steuerzahler des Staates. Die Leistungen der *tausend* Arbeiter sind vergleichsweise „Peanuts". Wäre also die Behauptung zutreffend, dass der Boss den Staat nahezu allein ernährt? Denn das suggeriert uns bekanntlich die weit verbreitete herkömmliche Lesart im *wirklichen* Leben:

Demnach zahlen die oberen 10 Prozent der Einkommensbezieher 53 Prozent der Einkommenssteuer, und an diesen Zahlen ist wohl nicht zu rütteln. Freilich gibt es dazu auch keinen Grund, selbst wenn eine tiefergehende Wahrheit darunter verschüttet ist. Dazu brauchen wir das obige Beispiel nämlich nur etwas vereinfachen, indem wir uns auf ein etwas unverfänglicheres Gebiet begeben:

Wir haben einen Sklaven und seinen Sklavenhalter[25]. Der Sklave erwirtschaftet mit seiner Arbeit so viel, dass sein Herr und er ausreichend versorgt sind. Eines Tages indes tritt ein Mann in Erscheinung, der dem Sklavenhalter verspricht, dank einer *Innovation* lasse sich die *Produktivität* seines Arbeiters erheblich steigern – und so schwingt er eine Peitsche. Und siehe da: Er hat recht. Von nun an schafft der Sklave nämlich das *Doppelte*, ja gar das Drei- bis Vierfache von dem, was er zuvor geleistet. Einen Teil davon erhält unser „Innovator", denn wie uns die „klassische" Theorie verrät, geht die Steigerung der Leistung vor allem und zuerst auf ihn zurück. Wer wollte das wohl bestreiten? Dazu brauchen wir uns ja allein nur die *Fakten* anzusehen: *Vordem* leistete der Sklave erheblich *weniger* (Den Großteil des Ertrags erhält und behält allerdings nach wie vor der *Eigentümer*, der auch dabei wieder gewinnt. Also nicht anders als heut'...).

Doch wie kann uns, wo die Theorie in ihrer Schönheit und Wahrheit doch so einleuchtend ist, die Praxis oft so unglaublich verstören? Denn es ist zwar wahr:

---

[24] Jede Ähnlichkeit mit bestehenden Verhältnissen ist zufällig - beabsichtigt...
[25] Sehen Sie mir nach, dass ich die „Wirtschaftswissenschaft" hier so stark vereinfache, aber sie hatte sich ja ebenso bequem über die längste Zeit mit dem *Homo oeconomicus* eingerichtet; und zur Verdeutlichung der Problematik ist mein Ansatz völlig ausreichend. Tatsache jedenfalls ist: Wir leben noch immer in den Verhältnissen von Herr und Knecht, von Oben und Unten, von Macht und Ohnmacht. Denn der Weg aus der Knechtschaft ist langwierig und mühsam. Die „Gesichter" der Herrn mögen dabei verschieden sein; die der Knechte sind es nicht: Sie müssen stets den Interessen *anderer* dienen...

Die Innovation ist die *steigernde* Kraft. Aber das sie wirklich trägt, dafür steht am Ende (derzeit noch) allein nur „ein" Mann. Nehmen wir nämlich nur *diesen „einen"*, letztendlich aber alles entscheidenden Mann, aus diesem Beispiel, dieser Gleichung, heraus - bricht das ganze Gebäude vollständig in sich zusammen; ist also hinfällig. Die bedeutsame Frage dafür lautet schlicht: *Wer ernährt hier eigentlich wen?* Einem klugen Kopf muss man das ganz sicher nicht erst erklären. Und es deckt sich gewiss *nicht* mit dem – was uns sonst stets gelehrt wird...

Die moderne Entsprechung der Wirtschaft ist das Unternehmen; die *Kooperation* der vielen für ein *gemeinsames* Ziel. Eine zeitgemäße Version der obigen Geschichte sieht daher aus wie folgt: Wir haben einen Fleißigen und einen „faulen" Arbeiter und den, der die beiden verwaltet und führt. Der Fleißige erbaut ein Haus im Jahr, während es der weniger fleißige Arbeiter „nur" auf ein halbes bringt. Alle drei teilen sich *gemeinsam* den Ertrag. Wer profitiert von allen wohl am meisten? - Vielleicht erleichtert es die Antwort, wenn wir annehmen: Eines Tages verlässt der Fleißige das Unternehmen und baut ab sofort auf eigene Faust[26]. Wem bringt das den größten Gewinn? Und: Lohnt es eigentlich auch dem „Faulen" auf eigene Kappe zu arbeiten? Wovon ernährt sich dann aber der Dritte?

Doch kehren wir zurück an den Anfang unseres Beispiels: Formal ernährt scheinbar tatsächlich der Boss fast nur allein den Staat. Praktisch hingegen – wird er hauptsächlich von seinen Arbeitern versorgt. Denn die Verteilung der Einkommen ist *nicht weniger* Akt der Willkür wie die Steuer des Staates - oder der Tribut an den Räuberhauptmann[27]...

Da die Verteilung des *gemeinsamen* Erfolgs der Arbeit nicht vorgeschrieben ist - wissenschaftlich begründet ist sie jedenfalls nicht -, lässt sie sich auch gefahrlos verändern, und das schauen wir uns jetzt einmal an. Die Ausgangslage ist die gleiche. Wir sind also noch immer im selben Unternehmen. Allein die Verteilung des *gemeinschaftlichen* Ertrags erfolgt nunmehr in angemessener *Fairness*. Denn wir alle wissen: Kein einziger Mensch vermag so viel mehr zu leisten als andere, wie uns manch Einkommen aber nur allzu gerne suggeriert. Selbst wenn wir wohlwollend davon ausgehen, dass der „Boss" nicht nur Eigentümer ist, sondern auch er seinen Lohn als *Mit*Arbeiter seines Unternehmens erwirtschaftet, ist eine Leistung entsprechend dem zuerst aufgeführten Einkommen geradezu *undenkbar*. Lassen wir den „Besten der Besten" gern fünfmal besser sein als den Besten seiner Arbeiter[28], dann ist selbst das noch zu hoch gegriffen – aber als Einkommen möglich dennoch hinnehmbar. Was aber die heutigen Verhältnisse angeht, so liegen die jenseits von Gut und Böse. Doch frisch ans Werk:

Der einzelne Arbeiter erhält nunmehr 2.000 Hinkel aus dem Ertrag *seiner* Arbeit; sein Boss bekommt „nur" noch Zehntausend. Der Rest verbleibt auch jetzt als Investition (oder Eigenkapital) im Unternehmen. Und selbst der Staat zeigt etwas mehr Anstand: Das Existenzminimum wird sachgerecht berücksichtigt, *der Wirklichkeit Rechnung getragen*: Mit den *tatsächlich erforderlichen* 1.000 Hinkel. Das heißt für uns: Jeder Arbeiter zahlt auf 1.000 Hinkel Steuern. Diesmal

---

[26] Genau das macht im Grunde übrigens auch „unser" Schwarzarbeiter...
[27] Insofern gibt es mindestens ebenso viele „einsichtige" Gründe der Mafia Schutzgeld zu zahlen wie dem Staat die Steuern.
[28] Gern zitiere ich hierzu August Thyssen: „Man wird mich ja wohl oder übel zur Klasse der Kapitalisten rechnen, aber sei dem, wie denn wolle, ich bin mir bewusst, auch als solcher in meinem Leben *ebensoviel* gearbeitet zu haben *wie der tüchtigste und fleißigste* der Werkangehörigen, der in den Werken meiner Firma oder in einem anderen Betrieb gearbeitet hat." Das nenne ich doch mal eine angenehme und durchaus überzeugende Selbsteinschätzung...

selbstverständlich 15 Prozent; infolge der Progression. 150.000 Hinkel bringt dem Staat das ein und weitere 3.600 Hinkel vom Boss, der dieses Mal „nur" 40 Prozent Steuern zahlt.

Obwohl sich die Ausgangslage *nicht* verändert hat – ist doch plötzlich alles ganz anders: Nun geht es nämlich nicht nur einem einzigen in einer Weise gut, die sich im Grunde nicht steigern lässt, und die ihn über alle anderen geradezu gottgleich erhebt. Nein, jetzt hat die *überwältigende Mehrheit* gewonnen. *Ihre Lage verbessert sich grundlegend.* Und das Gute daran: Niemand, *wirklich kein einziger*, muss um des Vorteils eines Einzelnen willen übers Ohr balbiert werden, um die Früchte seiner Arbeit beraubt. Und selbst der Vorsprung des „Besten" bleibt dabei erhalten. Da muss man kein Mathegenie sein, um das zu sehen.

Dabei hat es nicht viel dazu gebraucht: Es reichte aus, dass *Gerechtigkeit und Fairness* Einzug hielten. Nur eine Gesellschaft, bei der alles im Argen liegt, ist daher aufs Steuerrecht verwiesen. Doch selbst das beste Steuerrecht der Welt vermag am Ende *nicht* zu leisten, worin die Gesellschaft schon am Anbeginn versagt: Unrecht und Ungerechtigkeit im Zaume zu halten. Denn dabei gilt es einiges zu beachten. Zuallererst sicher die Wahrheit der *Tatsachen*, und wahr ist:

Im Grunde ist die Sache so simpel wie schon zu Adam Smiths Zeiten: Wohlstand wird allein durch Arbeit geschaffen. *Durch nichts anderes*[29]. Und dennoch haben sich seither zahllose Theorien etabliert, die uns schmackhaft machen sollen, dass es recht sei, dass sich Manager den Ertrag der Leistung ganzer Hundertschaften von Arbeitern in die eigenen Taschen schieben, und die uns rechtfertigen sollen, dass allein schon der Besitz von Geld berechtigten Anspruch auf noch mehr Geld in sich trägt. Im Klartext: Wer Geld hat, hat das Recht andere wie Sklaven für sich arbeiten zu lassen – denn anders lässt sich großer Reichtum nicht erwerben.

Reichtum entsteht nämlich allein durch die Aneignung und Konzentration erwirtschafteter Überschüsse. Er ist nicht zwingend eine Frage persönlicher Leistung, sondern nahezu *regelmäßig* nur Folge persönlicher und/oder gesellschaftlicher Macht.

Es ist eine Zumutung und Beleidigung für den gebildeten Verstand zu behaupten, jemand verdiene 1.000 Mal so viel wie ein anderer, weil er ja auch 1.000-mal so viel leiste. Schon mit dem Doppelten ist die Mehrheit meist heillos überfordert. Aber selbst wer doppelt so viel leistet wie sein Kollege, erhält damit dennoch nicht den doppelten Lohn, *wie uns die Praxis jederzeit belegt*! Da ist es - für die da „oben" - äußerst hilfreich, dass es den „Markt" gibt – wie ehedem Gott. Er bestimmt angeblich den Preis, den wir bekommen aus dem realen Wert unserer Leistung. So weit die Theorie. Die Wahrheit dagegen sieht wie immer ganz anders aus: Nie wird der Arbeiter dem Chef verfügen, was der verdient – aber umgekehrt funktioniert es selbstverständlich immer.

Wie kann man also dennoch auf „anständige" Weise zu einem Millionenvermögen kommen – wenn man doch weiß, dass der eigene Gewinn im Wesentlichen in der Leistung von anderen liegt? Nun, man hält sich brav an den Buchstaben der

---

[29] Hierin unterscheidet Smith übrigens nicht ohne Grund sehr wohl und auffallend eindeutig zwischen *produktiver* Arbeit, die als *einzige* wirklich Wohlstand schafft, und *unproduktiver* Arbeit - die ihn eher *verzehrt*. Die Fiktion von Arbeit, wie sie jedenfalls heut' genährt wird, indem sie sich auf Zahlung eines Einkommens für eine bestimmte Tätigkeit beruft – was den Profifußballer zum Beispiel zu einem der größten Leistungsträger der Gesellschaft macht – war seine Sache nicht. Und erst recht nicht ist und war solche Beschäftigung je die Basis des Wohlstands einer Gesellschaft. Bestenfalls eine seiner angenehmen Folgen für nur wenige. Und das *zu jeder Zeit* und ausnahmslos.

Gesetze, die solchen Diebstahl legitimieren und legalisieren. Die größten Raubzüge sind und waren ja stets im Einklang mit dem Gesetz. Schließlich wird es eigens dazu gestaltet. Wer uns also mit vorgehaltener Waffe überfällt und uns auch nur eines einzigen Cents beraubt, ist ein Schurke, ein Ganove übelster Art. Wer sich hingegen per Vertrag der Hälfte des Ertrags der Leistung anderer Leute versichert (oder gar dessen mehr), gilt dagegen als cleverer Geschäftsmann. Die Arbeit eines anderen preiswert aufzukaufen und teuer weiter zu veräußern, ist der dazu durchaus übliche Vorgang, an dem schon längst keiner mehr Anstoß nimmt. So wie einst ja auch die Sklaverei nicht und niemanden störte...

Das Problem (nicht nur) unserer Gesellschaft ist jedenfalls ganz sicher nicht, dass Reiche zu viel Steuern zahlen, sondern dass Reichtum *stets* nur auf Kosten anderer „verdient" wird. Die wenigen *außergewöhnlichen* Ausnahmen lassen sich dabei wahrlich leicht verschmerzen. Wo eine Gesellschaft solches Handeln überdies belohnt, ist es selbstverständlich, dass sich ihre Energie in solchem Bemühen verliert und so kommt es, dass heut' kaum noch jemand die wirklich richtige Arbeit machen will. Jene nämlich, *die den Wohlstand schafft* – statt ihn nur zu verzehren. Denn wo das Reden von und über Arbeit am Ende *mehr* Lohn einträgt als die harte Arbeit selbst, ist das schlimme Ende absehbar: Da ist die Gesellschaft im Verfall und ihr Wohlstand gefährdet.

Symptomatisch für diesen Zustand - und mir unvergessen ob seiner Dämlichkeit -, ist der Betriebswirtschaftsstudent, der, obwohl er nicht mehr vorzuweisen hat als eine glücklich verlebte Kindheit und Jugend, dafür jedoch noch nie einen Handschlag geleistet hat, sich zu dem Vorwurf versteigt: Die Alten verprassen unsere Zukunft[30]. Dabei lebt er selbst doch nur von dem, was die „Alten" längst erbracht! Ja, er selber setzt dem Ganzen noch eins drauf, indem er im Künftigen eine Beschäftigung ausübt, die *keinen einzigen Cent selber erwirtschaftet* - so dass er auch weiterhin anderen auf der Tasche liegt.

Nicht anders der Politiker, dessen *größte* Leistung ein abgebrochenes Studium ist. Der sich aber rühmt, für einen einzigen Vortrag weit mehr zu bekommen - als ein Arbeiter für einem ganzen Monat harter Arbeit als Lohn erhält[31]. Doch wie „verdient" so einer eigentlich „sein" Geld? Anders gefragt: Welch innovativen, kreativen oder einfach nur *sinn- und wertvollen* Beitrag leistet so einer selbst zum Wohlstand der Gesellschaft - wo er doch nur als Lobbyist durch unser Ländle tingelt? Nämlich als „Propagandist der Ausbeutung"[32], der in lukrativen Vorträgen begründet, dass die Löhne der Arbeiter zu hoch und also die Gewinne der Arbeitgeber schmälern – aus denen die ihm schließlich seine Silberlinge zahlen...

Nun war es allerdings schon zu allen Zeiten das Los der Arbeitenden, die Reichen und Mächtigen durchfüttern zu müssen. Und daran wird sich auf absehbare Zeit auch nichts ändern. Die attische „Demokratie" hatte dafür ihre Sklaven, die

---

[30] Dabei sollte man einem (angehenden) Ökonomen den Unfug wahrlich nicht erst erklären müssen; nicht einmal als Student: Man kann ein Brot aus der Zukunft heut' noch nicht verzehren. Schließlich ist es noch gar nicht vorhanden! Wahr ist: Alles, was wir nutzen, ist heut und hier längst schon da. Und wir *müssen* es auch verbrauchen. Anders ist es gar nicht möglich überhaupt Einkommen daraus zu generieren. Wahr ist allerdings auch: Wir lassen zu, dass wenige sich die Leistung der vielen und damit den Reichtum des Volkes, ja ganzer Nationen aneignen, um ihn schließlich mit höherer Forderung belastet den Leistenden - *zurück*zuverkaufen...
[31] Dass er die Insignien eines armen Verstands mit protzig teurer Uhr dazu noch sichtbar tragen muss, offenbart viel weniger nur seine Eitelkeit, als vielmehr noch wie sehr eine schmarotzende Schicht die Gesellschaft schon in ihrem Griff hat...
[32] Ab welcher Höhe wird der Lohnraub eigentlich zur Ausbeutung?

heutige ein arbeitsames und geduldig-braves Volk. Und – auch das nicht zu unterschätzen - die willigen Handlanger und Vollstrecker, bei denen sich noch stets die bekannte Wahrheit erweist: Wes Brot ich ess', des Lied ich sing. Was alles wurde uns von denen in den letzten Jahren nicht schon um die Ohren geschlagen, um uns ein Unvermögen vorzuwerfen: Maßloses Anspruchs- und Besitzstandsdenken, ausufernde Versorgungsmentalität und noch vieles mehr.

Diese Art der vorbeugenden Denunziation und Diffamierung ist leider weit verbreitet. Sie hat System, denn sie vermeidet bewusst den Blick hinter die Kulissen; auf die Wahrheit: Eliten *ohne* Moral predigen uns moralische Grundsätze, bestversorgte und höchstbezahlte "Nieten in Nadelstreifen" reden uns von zu hohem Lohnanspruch, und Politiker und beamtete Professoren mit hoher und höchster Gage und *stattlich staatlichem* Versorgungsanspruch brandmarken unsere "Vollkasko- und Versorgungsmentalität".

Wir erfahren diese Vorwürfe zudem vorwiegend, ja eigentlich grundsätzlich von Leuten, die ihr eigenes Schäfchen längst im Trockenen haben. Die Umgehung von Moral und Regeln gelten dabei als pfiffig. Das "Cleverle", wie es so verniedlichend im Schwäbischen heißt, genießt besonderen Respekt. Erfolg, so fragwürdig er im Einzelnen sein mag, wird erstaunlicherweise mit Leistung verwechselt - sofern er sich nur in GELD ausdrückt. Denn in einer Welt des GELDes zählt schließlich nur noch GELD.

Aber was ist daran eigentlich so lobenswert und vorteilhaft für die Gesellschaft? Wir haben doch schon gesehen, dass Einkommen und Leistung oft, ja meist, nur wenig in Verbindung miteinander stehen[33]. Gesichert durch eine gezielte Begriffswillkür. Denn: Wer die Macht über die Definitionen ausübt, verfügt letztlich mit ebensolcher Macht über die Wirklichkeit – indem er Unrecht ins Recht zu setzen vermag. Und das prägt am Ende die ganze Gesellschaft.

Nur ein Beispiel: Die uns viel zitierte *Wertschöpfung*. Wenn ein Bauarbeiter „nur" 100.000 Euro Wert schöpft – dann hat er am Ende ein (neues) Haus gebaut. Wenn hingegen eine Bank 10 Millionen Euro Wert schöpft, dann hat sie *nichts* wirklich dazu geleistet, denn die tatsächlich *notwendige Arbeit* macht in *beiden Fällen – nur einer*. Und der Banker ist das jedenfalls nicht. Eine „gute" Bank hat allenfalls nur äußerst *verlässliche und fleißige Kunden*, die ihr den erhofften Gewinn erwirtschaften[34]. Was der Kunde nicht bringt - kann die Bank bekanntlich nicht verdienen. Im schlimmsten Fall ist ihr Ertrag ohnehin nur pure Fiktion[35]. Die Wertschöpfungen unterscheiden sich also wie Tag und Nacht. Doch wie kann ein und dasselbe Wort so *grundverschiedene* Verhältnisse beschreiben?

---

[33] Der Mythos vom „Tüchtigsten, Klügsten und Besten", der den Erfolg einheimst, mag allenfalls noch geistig Bedürftige befriedigen, aber nicht mehr den, der in die Betrachtung der Wirklichkeit unserer Gesellschaft vertieft. Er mag wohl noch seinen ideellen Wert dort haben, wo er Menschen motivieren soll, aber er hat nicht den geringsten Wert für die Einschätzung, wer wieso wie viel verdient; und noch weniger trifft er auf die Vermögen.
[34] Das ist weder wirtschaftliche Wertung noch moralisches Urteil. Es geht auch nicht darum, gängige Vorurteile zu bedienen, sondern allein den Sachverhalt festzustellen: Was muss ein Banker *mehr* leisten, wenn er 15 Prozent Zins nimmt – statt „nur" fünf? Halten wir die Leistung eines Arbeiters dagegen: Wenn der mehr Ertrag möchte, muss er entweder ein weiteres Haus bauen, noch mehr Brote backen oder erheblich mehr Kartoffeln ernten. Allein mit einer Verteuerung des Preises tut sich da nämlich nichts.
[35] Muss ich dazu noch die Finanzkrise bemühen, die Billionen und aber Billionen an „Wert" vernichtete – obwohl dadurch *kein einziges* Haus eingestürzt ist, ja nicht einmal der sprichwörtliche „Besen in China" umgefallen ist? *Nichts davon geschah.* Allein die Fiktion des Wert des Geldes ist geplatzt – und damit auch die *vorgebliche* Leistung von vielen...

Aber schauen wir uns doch noch ein weiteres Beispiel des ideologischen Nonsens an, mit dem man uns mit unermüdlichem Eifer traktiert, um die Hirne zu vernebeln, ja ein ganzes Volk gar um den Verstand zu bringen, indem man es geradewegs verblödet: Wer 400 Euro im Monat in eine private Altersvorsorge einbezahlt, gilt als eigenverantwortlich handelnder Bürger. Wem der Staat hingegen monatlich 500 Euro abknöpft, wofür er letztlich eine weit geringere Rente als der Erste bekommt, der muss sich als Empfänger „sozialstaatlicher" Leistung denunzieren lassen, dessen maßloser Anspruch den Staat ruiniere. Doch worin unterscheiden sich eigentlich die beiden? Doch allenfalls darin, dass man dem Zweiten gar *keine Wahl* lässt – und das sein *berechtigter, weil längst bezahlter* Anspruch der Beliebigkeit politischer Entscheidung verfällt.

Durch gesetzgebende Politiker übrigens, die die gesellschaftlichen Übel zwar *zu verantworten* haben, *sich selbst aber* dem System der Eigen- beziehungsweise Selbstverantwortlichkeit äußerst erfolgreich *entziehen*: Sie erwarten Altersversorgung *ohne* eigenen Beitrag und täglichen Unterhalt *ohne* vorzeigbar anständige Leistung. Glauben Sie ernstlich, dass man all die Missstände durch ein besseres Steuerrecht beseitigt? Dazu müsste sich schon die Erde auftun...

Im Übrigen: Wir werden für mehr Geld weder bessere Politiker noch fähigere Manager bekommen[36]. Der *wahre* Leistungsträger macht seine Arbeit nämlich gut, weil er sie grundsätzlich ordentlich macht. Es ist ihm einfach ein Bedürfnis. Er schielt dabei nicht aufs Geld; selbst wenn das durchaus auch ihm eine Belohnung seiner Leistung ist. Aber es ist nicht sein treibendes Motiv. Wer je einem echten Leistungsträger begegnet ist, weiß das übrigens. Doch trifft man sie nur selten dort, wo am lautesten von und über Leistung schwadroniert wird. So wie ja auch von denen am lautesten von den Vorzügen des freien Marktes krakeelt wird - die sich ihm am wenigsten aussetzen. Es ist dabei wohl mehr als nur ein dummer Zufall, dass auch hier der Politiker an vorderster Front steht, der als gelernter Anwalt mit festgezurrtem Honorar seine *erste* Sicherheit dennoch im fürsorglichen Bereich eines Abgeordnetendaseins sucht: üppige beitragsfreie Altersversorgung und hohes gesichertes Grundeinkommen – *ohne* die dafür *notwendige* wirtschaftliche Leistung zu erbringen. *Das müssen nämlich andere...*

Oh, zeigen sich hier vielleicht Vorbehalte gegen Politiker[37]? Aber ganz gewiss doch. Ich habe grundsätzlich nicht viel für Menschen übrig, die Macht über andere anstreben und ausüben wollen. Das war mir schon immer wesensfremd und zuwider. Für mich ist die Formel „Gleicher unter Gleichen" zu sein nicht nur Lippenbekenntnis, sondern gelebtes Handeln. Das ist der eine Teil. Der andere: Es wird nicht gerade dadurch besser, dass sich „Volksvertreter" ihr eigenes Recht und Privilegien schaffen...

Zweifellos ist unser Steuerrecht mit ziemlichen Mängeln behaftet und alles andere als gerecht und fair. Dennoch glaube ich nicht, dass sich das Schicksal unserer

---

[36] Kleine Ketzerei am Rande: Wenn eine Konferenz von Spitzenmanagern den Unternehmensertrag um 100.000 Euro steigert (wie auch immer man das erklären mag) – um wie viel steigern dann zehn Konferenzen den Ertrag des Unternehmens? Ab wie vieler Konferenzen wäre es gar sinnvoll, alle Arbeiter abzuschaffen - und nur noch Spitzenmanager zu beschäftigen?

[37] Wie anspruchslos das Volk allerdings mittlerweile an seine Politiker tritt, hat uns die Affäre Guttenberg klar und deutlich gezeigt: Da reicht es schon, dass einer „jung und dynamisch" ist, seine Zähne strahlend weiß putzt und ein paar wohl gewählte Sätze zu sprechen vermag – und schon heißt es: Er macht einen guten Job. Nur sollte man nie fragen: Was hat er denn *wirklich geleistet*! Oder fragen: Was ist dank ihm *tatsächlich* anders, *gar besser* geworden? - Da ist man bei jedem Handwerker anspruchsvoller...

Gesellschaft im Steuerrecht erfüllt, sondern vielmehr und eher darin, in welchem Maße sich Politik und Staat den Ansprüchen und Launen einer Elite unterwerfen, die bei allem nur die Sahne abschöpft - *ohne entsprechend dafür zu leisten*. Gern, nur allzu gern, wird dabei jede Kritik an den hohen und allzu hohen Einkommen (und vor allem Vermögen) Einzelner im Vorwurf des Neides erstickt – und ist doch nur einer schrecklichen Bequemlichkeit des Geistes geschuldet. Denn wer auch nur einen Moment in Ruhe innehält und vor allem: *nachdenkt* - der vermag den Irrsinn solchen Systems nicht wirklich mehr zu akzeptieren. Die Unverschämtheit, mit dem sich die einen aneignen – was die anderen leisten.

Wenn Diktaturen stürzen und sich ihre Machthaber mit den zusammengerafften Millionen, gar Milliarden aus dem Staube machen, dann vernehmen wir in unserer so genannten Demokratie häufig, dass diese Herrscher „ihr Volk bestohlen haben", ja es seiner Ressourcen und des Erfolgs ihrer Arbeit beraubt. Plötzlich gehört dem Volk – was sich einzelne unter den Nagel gerissen haben. Doch was unterscheidet die eigentlich von dem, der nur das Geld auf den Tisch legt und dazu fordert: „Nun los, macht mir mehr daraus!"? – Doch allenfalls dass „wir" eine „Formel" gefunden haben, die all das rechtfertigt. Rechtfertigung fand allerdings auch die Sklaverei zu ihrer Zeit. Aber so ist nun mal das System.

Es ist dabei keineswegs nur Ironie, sondern im höchsten Maße obszön und absurd, wenn die Arbeit des Landwirts, die *unser aller* Lebensgrundlage überhaupt ist, weil ohne sie *kein einziger* von uns überhaupt leben könnte, ebenso nur durch Subventionierung erhalten werden kann – wie ein Finanzwesen, das die Welt geradezu regelmäßig an den Abgrund führt.

So, wie die *arbeitende* Familie *mit Kindern* nicht nur die eigenen Ansprüche der Zukunft mit ihren Beiträgen *vor*finanziert, sondern auch noch jene aufzieht und ernährt, die in die daraus folgenden Verpflichtungen eintreten *müssen*, so schaffen die *produktiv Arbeitenden* nicht nur die materielle Grundlage der Gesellschaft, sondern auch die rein finanzielle des Staates. *Keine andere Gruppe innerhalb der Gesellschaft leistet vergleichbar viel*. Und wenn morgen sämtliche wirtschaftlichen und politischen Führer – und nur sie! - dank eines geheimnisvollen Virus auf einen Schlag verschwänden, dann stürbe mit ihnen keineswegs die „Welt". Nein, dann ginge das Leben weiter, *als wäre nichts geschehen*. Allen heroischen Theorien zum Trotz. Oder glaubt einer ernsthaft, Arbeiter wären damit plötzlich nicht mehr in der Lage, Kartoffeln zu ernten, Häuser zu bauen oder Autos zu fertigen?

Wieso allein der Besitz von Geld den Anspruch auf noch mehr Geld *rechtfertigt*, wird für mich überdies ewig ein Rätsel bleiben[38]. Wie mir ebenso unverständlich ist, dass dieser schmarotzende Anspruch größere Berechtigung haben soll, als die Not des Hartz-4-Empfängers, der seinen Job wegen dieser Gier des anderen verlor. So wie ich ohnehin nicht versteh', dass zehn Millionen nicht ausreichend sind, so dass es hundert Millionen braucht. Und warum eine Milliarde dann immer noch zu wenig und selbst zehn noch nicht genug. Aber das ist wirklich ein anderes Thema...

Mein Fazit: Wir werden die Willkür im Steuerrecht nicht ändern, doch wenn und wo sie doch nun schon mal herrscht, sollten wir sie nutzen, mit ihr zumindest das

---

[38] Insofern vermag ich auch Ihren „neuen" Kapitalisten (zum Beispiel die Omi, die ihr Geld im „Rentenfonds" und nicht im Sparstrumpf hat) nicht bedauern, wo er ordentlich und ausreichend Steuern zahlen muss: Er zahlt es auf Ertrag – *für den er nicht das Geringste geleistet*. Das nenne ich einfach nur parasitär. Das spricht allerdings noch nicht vom Nutz' und Sinn von Banken...

Unrecht und die *Ungerechtigkeit* in der Gesellschaft zu lindern. So wie es kurz nach dem Kriege noch geschah. Wenn Paul Krugman[39] für Amerika feststellt, dass die Bildung der Mittelschicht eine politische Entscheidung war – wie heute allerdings auch ihr Sterben -, dann gilt das nicht weniger genauso für uns. Erinnern wir kurz daran, was bei Ihnen wohl keine Erwähnung findet (mir ist es jedenfalls nicht aufgefallen), weil es eben Deutschland (scheinbar) nicht betrifft:

„In den 1930er Jahren wurde der Spitzensteuersatz für sehr hohe Einkommen auf 79 Prozent angehoben – später stieg er sogar auf (heut' sagenhafte) 91 Prozent. Die Erbschaftssteuer erreichte zeitweise einen Spitzenwert von 77 Prozent – wohlgemerkt, in den USA, die allgemein nicht als das Mutterland des Kommunismus gelten." [40] - Es war die Zeit eines Wohlstands, der die breite Masse der Bevölkerung erreichte und zur Bildung einer Mittelschicht führte und die letztendlich den Vorsprung vor dem so genannten „Real-Sozialismus" sicherte. Das hielt an bis in die fünfziger und sechziger Jahre. Doch schon von da an – ging's bergab. Da wir in Deutschland stets ein wenig hinterherhinken hat es bei uns noch etwas Zeit gebraucht. Aber nun sind wir „endlich" auch so weit...

Ich hoffe, Sie hatten die gleiche Ausdauer, die ich für Ihre Zeilen aufbrachte und haben bis hier durchgehalten. Und ich hoffe weiter, dass Ihnen meine Zeilen ebenso Anregung für eine vielleicht mal andere Betrachtung sind wie mir in manchem Ihr Buch.

Mit freundlichem Gruß und den besten Wünschen für Ihre Zukunft

Karl-Heinz Kahnt

---

[39] http://www.zeit.de/2002/46/200246_krugmann.neu.xml/komplettansicht und: Mittelschichtengesellschaften entstehen *nicht von selbst* mit der Reifung von Volkswirtschaften, sondern müssen durch politisches Handeln geschaffen werden.
Nach Bush, Seite 24 und:
„Wenn es in diesem Land Männer gibt," sagte Woodrow Wilson 1913 ... „die reich genug sind, um die Regierung der Vereinigten Staaten zu besitzen, dann werden sie sie besitzen." Tja, jetzt gibt es sie, und sie tun es. Natürlich nicht ganz... – dito, Seite 274
Ich für meinen Teil denke, dass sich Deutschland in keiner Weise mehr wirklich von den USA unterscheidet. Insofern gilt mir Krugman auch für hierzulande aktuell...
[40] Anleitung zur Weltverbesserung, Seite 107 – Robert Misik